カラフルかわいい！
ふわふわモールドール

MORU
DOLL
Eriko Teranishi

カラフルかわいい！
ふわふわモールドール

Contents

Part1
モールドールの世界

Cute P.4
キュート

Feminine P.6
フェミニン

School P.8
スクール

Pop P.10
ポップ

Street P.12
ストリート

Part2
モールドールのシーズン

Spring P.28
スプリング

Summer P.29
サマー

Autumn P.30
オータム

Winter P.31
ウインター

Part2
モールドールのシーズン

Halloween *P.32*
ハロウィン

Christmas *P.33*
クリスマス

Valentine *P.34*
バレンタイン

Mother's day
Father's day *P.35*
母の日・父の日

Birthday *P.36*
バースデー

Part3
モールドールのいろいろ

Favorite color *P.38*
推し色

Trading card case *P.40*
トレカケース

Key holder *P.41*
キーホルダー

Pair *P.42*
ペア

Pet *P.44*
ペット

Baby *P.46*
ベビー

Mini *P.47*
ミニ

モールドールって知ってる!? …… P.14
材料集めも楽しい!! …………… P.16
材料がそろったら……
さぁ、作りましょう! ……… P.18
この本に掲載された
モールドールの作り方と材料 … P.48

Part1 モールドールの世界
Cute
キュート

ふわふわかわいいモールドール
モールの色、かわいい服、かわいいパーツ
よりかわいく作りたいモールドール……

お菓子を待たせて！
キュートに！

How to make
❶くま ❷うさぎ ❸うさぎ :P.48

色がかわいい
フワフワのモールで

カールモール
くま＆ヒツジ
リボンをつけるだけで
かわいい

How to make
4 うさぎ :P.48　5 うさぎ　6 くま　7 ヒツジ :P.49

Part1 モールドールの世界
Feminine
フェミニン

おしゃれかわいくフェミニンに！
パーツも王冠や香水瓶、いろいろなパーツで
ちょっと大人っぽいのが魅力

色もちょっとシックに
おしゃれに！

How to make
❽うさぎ ❾うさぎ ❿うさぎ :P.49

パールネックレスが
おしゃれポイント

ソフトな雰囲気に
仕上げるだけで
フェミニンに……

How to make
⓫くま ⓬うさぎ :P.50

7

Part1 モールドールの世界

スクールスタイルのモールドール
鉛筆や本を持って、勉強モードを演出！
スクールバッグやリュックにつけて

スクールバッグにつけて
学校へ……

How to make
⑬ねこ ⑭うさぎ :P.50

ちょっと
真面目がかわいい
メガネも
チャーミング

How to make
⑮いぬ ⑯くま :P.50 ⑰うさぎ :P.51

Part1 モールドールの世界

色や雰囲気、見ているだけで元気が出てくる
ポップなモールドール
バッグにたくさんつけても……

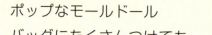

⓲ ⓳

ゆらゆら
揺れてるのも
かわいい……
ポップな色で！

How to make
⓲うさぎ ⓳うさぎ :P.51

カラフルな
雰囲気に
お菓子を
持たせたり……

How to make
20 くま 21 くま 22 アヒル :P.51

Part1 モールドールの世界
Street
ストリート

なんでもできるのがモールドール……
服やパーツでイメージを。
人気のアヒルもストリート系に！

Tシャツやバイザーを
カッコよく着こなして！
ボードを持って！

How to make
㉓うさぎ ㉔くま ㉕アヒル :P.52

モールの色と
パーツがポイント！
イメージを
広げて……

How to make
26 うさぎ 27 ねこ ：P.52

モールドールって知ってる!?

韓国で流行って、日本に来ました！

ふわふわしたワイヤー入りのクラフトモールを使って作ります。
モールには柔軟性もあり、簡単に曲げて形が作れます。
オリジナルのアレンジもでき、広がりがあるので注目されています。

♥ 驚くほど、とっても簡単にできる！！
この本を見ながら、5分～15分で作れます。

♥ 好きな色で、好きな形に作れる！
モールなので、自由度が高く好きな形に作れます。

♥ カスタマイズができて、オシャレ！！
服やかわいいパーツが、数多くいろいろあります。

♥ オリジナルを作るのも簡単！！
耳や顔の形、手足の長さ、いろいろアレンジできます。

♥ いろいろな顔が作れます！

モールの曲げ方で、顔の作りが変わってきます。作りたい顔で作りましょう！

スタンダード **A** — 作りやすい形です！ 耳の長さを変えるとくまもうさぎも作れます。

ホッペ **B** — ホッペがポイント いぬやヒツジも作れます。

くま **C** — おでこがポイント ねこも作れます。

アヒル **D** — アヒル口があります！

♥ 手足の長さは自由にできます！

大きさが変わってきます。作りたいサイズで作りましょう！

セーターなどを着るときは、手を長めに！

ズボンをはくときは、足を長めに！

♥ 他の形にアレンジ！

ペットタイプにしたり、顔つきグッズを作ったりしましょう！

♥ 足を折り曲げてペットタイプに！

♥ 体部分をフレームにしてトレカケースに！

♥ 半分のモールでキーホルダーに！

♥ おしゃれもできます！

カットしたり……

ほほ紅をぬったり……

材料集めも楽しい!!

モールや目鼻はもちろん、
服やパーツ、いろいろあるので
選ぶところから楽しんでください!

モール

種類の違いで、できあがりも違うので
いろいろなモールで
作ってみるのもいいですね!

ミンクモール

ベーシックモール

カーリーモール

目鼻

刺してつけるタイプと貼るタイプです。
いろいろなタイプ・大きさがあります。

濃い色のモールを選んだら、
フチつきの目がいいですね

メガネ他

メガネやアクセサリー、
1つあると華やかです。

リボン

簡単におしゃれ!
それなら、リボンがオススメです。

洋服

専用のものや「ぬい」用のものも着れます。
頭が大きいので下から着せます。

小物

ボンドで貼るだけでカンタン！
かわいいボタンを
使ってもいいですね。

その他

カメラや浮き輪、モールドール用の小物。
1つで雰囲気が出るのがいいですね！

チャームホルダー

バッグにさげたり！
キーホルダーにもなります。

17

材料がそろったら……
さぁ、作りましょう！

さわりごこちのいいフワフワモールなので
癒される感じで、楽しく作れるのが魅力！
好きな色で、好きな形で作りましょう！

P.4

目鼻やパーツや洋服
オリジナルに作れるのも
大きな魅力！

スタンダードAを作りましょう！

簡単に作れて、しっかりできる作り方です。
写真に沿って、作っていきましょう！

材料
モール：ベーシックモール（ミント）
目：さし目5㎜（黒）
鼻：さし鼻4.5㎜（黒）
付属：パンツ・クッキー・ロリーポップ

同じ作り方で
ミンクモールで
作っても！

ねじり方の基本

　[半ねじり]　180°

　もう1回ねじる

　[1回ねじり]

※モールはねじるほど、短くなるので、ねじりすぎないように注意します。

動 画

スタンダードA

作り方の動画があります

1 準備します

❶
モールをまっすぐにします。

❷
手／毛の方向
モールの毛の方向と反対に撫でて、逆毛にします。

❸
before / after
ふわふわになります。

ふわっと
仕上がります

2 顔の中心を作ります

❶  ★
2つに折ります。

❷
1回ねじり ★
折り目に指2本を入れ、**1回ねじり**します。

❸
広げる
できた輪を左右に広げます。

❹
横から見ると
その輪を前に倒します。
（この輪が顔の中心になります）

19

3 耳を作ります

①
モールの端2本を、後ろから顔中心の輪に入れます。

②
指を2本入れて、引っぱります。

③
指を抜きます。

④
それぞれの耳を外側に、開きます。

⑤
それぞれの耳を外側に、**半ねじり**し、耳ができました。

⑥
2本を根元★で**半ねじり**します。

4 おでこを作ります

①
モールの端を、後ろから耳の間を通って、顔中心の輪に入れます。

②
引っぱって、後ろを平らにします。反対側も、同じにします。

③
おでこができました。2本を根元★で**1回ねじり**します。

④
顔中心を下げ、耳の形を整えます。

5 手足・ボディを作ります

①
手を折ります。

②
両手折ります。

③
2本を☆で**半ねじり**します。

④
足を後ろ側へ折ります。

⑤
[後ろ]
反対側も折ります。
（後ろから見たところです）

⑥
[後ろ]
両端を★で1回ねじりします。

⑦
手を1回ねじりします。

⑧
足を1回ねじりします。

⑨
両手両足、ねじれたところです。

⑩
後ろの端を前に回し、肩にかけます。

⑪
[後ろ]
後ろにし、肩からおなかに下げます。

⑫
反対側も同じにします。

⑬
手
ボディ
足
手、足、ボディの形を整えます。

端の長さが肩にかけれない時は、そのままおなかに巻きつけても大丈夫です。

6 目鼻をつけます

❶
目鼻をさしてみます。かわいい位置になるように整えます。

❷
1つずつ順に、ボンドをつけます。

❸
❶の位置にさします。

できました！

ホッぺBを作りましょう！

ふっくらしたホッペがかわいいタイプ。
顔中心にモールを左右に1回転します。

同じ作り方でミンクモールで作っても！

1 準備します P.19
2 顔の中心を作ります P.19
3 耳を作ります P.20
4 おでこを作ります P.20

5 ホッペを作ります

❶ 1本の端を外側から、顔中心の輪に入れます。

❷ ほほの形を確認しながら、引っぱります。

❸ 反対側も外側から、顔中心の輪に入れます。

❹ ほほの形を確認しながら、引っぱります。

ホッペ

❺ 2本を根元★で1回ねじりします。

❻ 顔の形を整えます。

6 手足・ボディを作ります P.20
7 目鼻をつけます P.21

できました！

ワンポイントアドバイス

♥ モールドールはやり直しも簡単！

違うと思ったらやり直せます。
モールのねじれを直しながらほどき、
まっすぐにしてから、作り直しましょう！

くまCを作りましょう!

おでこを広げ、かわいいクマの形にします。
ねこや犬、いろいろな動物もできます。

同じ作り方で
ミンクモールで
作っても！

1 準備します P.19

2 顔の中心を作ります P.19

3 耳を作ります P.20

耳は指1本で
作ります！

4 おでこを作ります

❶ 1本の端を外側から、耳の間に斜めに持っていきます。

❷ 後ろに折り曲げます。

❸ 反対側の端も同じにします。

❹ [後ろ] 後ろ側に返します。

❺ [後ろ] 1本の端を真ん中にくぐらせます。

❻ [後ろ] 引っぱります。

❼ [後ろ] 引いたところです。反対の端も同じにします。

❽ [後ろ] 2本を根元★で1回ねじりします。

❾ 顔の形を整えます。

5 手足・ボディを作ります P.20

6 目鼻をつけます P.21

できました！

23

アヒルDを作りましょう!

オレンジのくちばしを貼るだけで、アヒルに。
かわいいパーツに合う形を作りましょう。

同じ作り方で
ミンクモールで
作っても!

1 準備します P.19
2 顔の中心を作ります P.19

顔の中心は
指1本で
作ります!

3 頭を作ります

❶ モールの端を後ろから、顔中心の輪に入れます。

❷ 指1本入れて、引っぱります。

❸ 根元★で半ねじりし、❶を外側から❷に通します。

❹ 反対側からも通します。

❺ 2本を引っぱります。

❻ 1本の端を外側に沿って下に持ってきます。

❼ 反対も同じにします。

❽ あごの下で1回ねじりします。

❾ 頭ができました。

4 手足・ボディを作ります P.20
5 目鼻をつけます P.21

できました!

24

Petタイプを作りましょう!

手足・顔を折り曲げるだけでペットになります。
いろいろな動物を作ることができます。

1~6 うさぎを作ります P.19~21

7 ペットタイプを作ります

❶ モールの端でしっぽを作ります。

❷ 手を折り曲げます。

❸ 手足を折り曲げます。

❹ 顔を後ろに倒します。

❺ そのまま顔を手の方にずらします。

❻ ペットの形になりました。

❼ 耳を折り下げます。

できました!

♥カットしてあげましょう！

ちょっとカットしてあげるだけで、よりかわいくなります。
心配なら……少しずつカットしてみましょう！

形をしっかり出すように切ります

❶ 首のくびれが出るように、切り込みをいれます。

❷ そのまま、手をカットします。

❸ 足の間をくびれが出るように、切り込みをいれます。

❹ そのまま、足をカットします。

❺ 耳のくびれが出るように、切り込みをいれます。

❻ そのまま耳を切ります。

❼ 目が出るように顔をカットします。

はさみは先が切れるものがいいですね。

切ったものはこのくらいです。

♥ねこやいぬは、切り込みを思い切って入れるといいでしょう！

♥最後にクシで毛並みを整えてあげましょう！

もっとかわいく 2 ♥ パーツをつけてあげましょう！

サングラスやお菓子など、かわいいパーツがたくさん！
選ぶのも楽しいので、いろいろつけてあげましょう。

♥ 服を着せてあげて、それからパーツを選んでも……

専用のボンドもあります。手芸用・木工用ボンドでも大丈夫です。

❶ パーツをつける位置を確認します。

❷ パーツにボンドをつけます。

❸ パーツをつけます。

もっとかわいく 3 ♥ お化粧してあげましょう！

ほほ紅をつけるだけでかわいくなります。
フワフワの毛にはほほ紅がつけやすいです。

ほほ紅はなんでも大丈夫！綿棒でつけましょう。

❶ 綿棒にほほ紅をつけます。

❷ たたくように、ポンポンとつけます。

いろいろアレンジをして、かわいいモールドールを作りましょう！

27

Part2
モールドールのシーズン
Spring スプリング

白のカーリーモールと
ピンクのミンクモールが
ふんわりした春の感じ
お花をアクセントに……飾ってもいいですね。

How to make
㉘ うさぎ :P.52 ㉙ ヒツジ :P.53

Part2 モールドールのシーズン
Summer
サマー

夏の日差しを浴びて、さぁ海へ！
浮き輪、サングラス、アイスクリーム
海辺の小物でうれしそう！

How to make
30 くま 31 アヒル 32 うさぎ :P.53

Part2 モールドールのシーズン

Autumn
オータム

クッキー焼いたりがぴったりな季節
セーター着せてもかわいい！
秋らしくしてバッグにつけましょう。

How to make
㉝くま ㉞くま :P.53 ㉟うさぎ :P.54

Part2 モールドールのシーズン
Winter
ウインター

マフラーや帽子、レザースカート
あったかファッションで！
モールドールもあったかい！

How to make
㊱ くま ㊲ うさぎ :P.54

Part2 モールドールのシーズン
Halloween
ハロウィン

カボチャを持って、おかしを届けに……
飾るだけでハロウィン！
かわいい猫もおばけの帽子で。

How to make
38 うさぎ　39 ねこ ：P.54

Christmas
Part2 モールドールのシーズン
クリスマス

プレゼントやツリーを持って
今にもパーティへ行きそうなモールドール。
ツリーの横に飾ってもいいですね!

How to make
❹⓿ うさぎ:P.54　❹① いぬ　❹② うさぎ:P.55

Part2 モールドールのシーズン
Valentine
バレンタイン

チョコを届けるなら……
モールドールに持たせてプレゼントしても！
バレンタインデーがより楽しくなりますね。

How to make
43 ねこ 44 うさぎ 45 うさぎ :P.55

Part2 モールドールのシーズン
Mother's day
Father's day
母の日・父の日

いつものお父さんとお母さんを
モールドールで表現してプレゼント！
飾ってあるだけでほっこりしますね。

Mother

㊻

Father

㊼

How to make
㊻うさぎ：P.55　㊼くま：P.56

Part2 モールドールのシーズン
Birthday
/バースデー

お誕生日プレゼントにぴったりなモールドール！
たくさんのお菓子を抱えて……
プレゼントしましょう！

贈る人に合わせて
作るのも楽しい！！

How to make
48 くま 49 うさぎ :P.56

バースデードールに
カードを添えて、
プレゼント！

今日は大事な日！
カメラつきもいいかも！

50 **51**

How to make
50 ねこ **51** くま :P.56

Part3
モールドールのいろいろ
Favorite color
推し色

推しの色で作るモールドール
推しに似せて作ったり、好きに作ったり
色が一番のポイント！

たくさん並ぶと
それもかわいい！
推し色を
プレゼントしても！

How to make
52 うさぎ :P.56　53 うさぎ　54 うさぎ　55 うさぎ :P.57

38

座らせても
かわいい！
ちょっと首を
傾けても……

How to make
56 うさぎ 57 うさぎ 58 うさぎ :P.57　59 うさぎ 60 うさぎ :P.58

Part3 モールドールのいろいろ
Trading card case
トレカケース

推しの写真やイラストを入れたトレカケース
モール1本でできるのが魅力
かわいくパーツで飾って!

How to make
61 うさぎ 62 くま 63 いぬ :P.58

Part3 モールドールのいろいろ
Key holder
キーホルダー

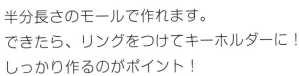

半分長さのモールで作れます。
できたら、リングをつけてキーホルダーに！
しっかり作るのがポイント！

How to make
64 うさぎ :P.58 65 いぬ 66 いぬ 67 くま :P.59

Part3 モールドールのいろいろ
Pair
ペア

並ぶとかわいいペアのモールドール！
1つずつ2人で持ってもいいし……
並べて飾っても！

似せて作って、
お揃い着せて……
あなたにあげる！

❽

❾

How to make
❽くま ❾くま :P.59

バッグにはめがね……
バッグにはおかし……
好きなものを入れても！

How to make
70 うさぎ :P.59　71 うさぎ :P.60

43

Part3 モールドールのいろいろ
Pet
ペット

作ったモールドールの手足を折って
顔の位置を変えれば、ペットに！
猫や犬も簡単に作れます。

How to make
72 ねこ　73 ねこ　74 ねこ　:P.60

カーリーモールで作れば
トイプードルも
かんたんです！

⑮

⑯

How to make
⑮いぬ ⑯いぬ :P.60

Part3 モールドールのいろいろ
Baby
ベビー

ふわふわのかわいさでベビーも！
ちょっとしたフリルやパーツで
いろいろ演出できます。

⑦⑦ ⑦⑧

How to make
⑦⑦ うさぎ ⑦⑧ うさぎ :P.61

46

Part3 モールドールのいろいろ

Mini
ミニ

細いモールで作れると小さくなるんです……
高さ7cmになりました！
ミニサイズもかわいいですね。

How to make
79 くま 80 くま 81 くま :P.61

この本に掲載された
♥ モールドールの作り方と材料 ♥

作り方は4タイプが基本になっています。
材料は好きなモール、好きなパーツで！

かわいいモールドール、作ってくださいね！

---

① Cute くま

作り方
Cタイプ（P.23）

材料
モール：ベーシックモール
　　　　（ホワイト）
目：さし目5㎜（黒）
鼻：さし鼻4.5㎜（茶）
付属：セーター
　　　クッキー
　　　ロリーポップ

② Cute うさぎ

作り方
Aタイプ（P.19）

材料
モール：ベーシックモール
　　　　（ミント）
目：さし目5㎜（黒）
鼻：さし鼻4.5㎜（黒）
付属：パンツ
　　　クッキー
　　　ロリーポップ
　　　クリップ

③ Cute うさぎ

作り方
Bタイプ（P.22）

材料
モール：ベーシックモール
　　　　（ピンク）
目：さし目5㎜（黒）
鼻：さし鼻4.5㎜（黒）
付属：セーター
　　　クッキー
　　　ロリーポップ
　　　クリップ

④ Cute うさぎ

作り方
Bタイプ（P.22）

材料
モール：ミンクモール
　　　　（ブルー）
目：さし目5㎜（黒）
鼻：さし鼻4.5㎜（黒）
付属：Tシャツ
　　　リボン

⑤ Cute　うさぎ　P.5

作り方
Aタイプ（P.19）

材料
モール：ミンクモール（ピンク）
目：さし目5㎜（黒）
鼻：さし鼻4.5㎜（黒）
付属：スカート
　　　リボン

⑥ Cute　くま　P.5

作り方
Cタイプ（P.23）

材料
モール：ベーシックモール（ベージュ）
目：さし目5㎜（黒）
鼻：さし鼻4.5㎜（黒）
付属：リボン
　　　草

⑦ Cute　ヒツジ　P.5

作り方
Bタイプ（P.22）

材料
モール：カーリーモール（ベージュ）
目：さし目5㎜（黒）
鼻：さし鼻4.5㎜（LTピンク）
付属：リボン
　　　ジョウロ
　　　クリップ

⑧ Feminine　うさぎ　P.6

作り方
Aタイプ（P.19）

材料
モール：ミンクモール（ペールピンク）
目：さし目4.5㎜（黒）
鼻：さし鼻4.5㎜（茶）
付属：ワンピース
　　　リボン

⑨ Feminine　うさぎ　P.6

作り方
Aタイプ（P.19）

材料
モール：ミンクモール（ホワイト）
目：さし目4.5㎜（黒）
鼻：さし鼻4.5㎜（ピンク）
付属：パールネックレス
　　　香水瓶

⑩ Feminine　うさぎ　P.6

作り方
Aタイプ（P.19）

材料
モール：ミンクモール（ブラック）
目：クリスタルアイ6㎜（クリア）
鼻：さし鼻4.5㎜（ピンク）
付属：スカート
　　　香水瓶
　　　クリップ

49

⑪ Feminine P.7 くま

作り方 Cタイプ (P.23)

材料
モール：ミンクモール（ベージュ）
目：さし目4.5mm（黒）
鼻：さし鼻4.5mm（茶）
付属：メガネ
　　　パールネックレス
　　　王冠

⑫ Feminine P.7 うさぎ

作り方 Bタイプ (P.22)

材料
モール：カーリーモール（ピンク）
目：さし目4.5mm（黒）
鼻：さし鼻4.5mm（ピンク）
付属：翼
　　　王冠

⑬ School P.8 ねこ

作り方 Cタイプ (P.23)

材料
モール：ミンクモール（イエロー）
目：クリスタルアイ6mm（ブルー）
鼻：さし鼻4.5mm（茶）
付属：本　リボン
　　　鉛筆
　　　クリップ

⑭ School P.8 うさぎ

作り方 Aタイプ (P.19)

材料
モール：ミンクモール（ブルー）
目：さし目4.5mm（黒）
鼻：さし鼻4.5mm（黒）
付属：本　ニットバッグ
　　　ドリンク
　　　鉛筆
　　　リボン

⑮ School P.9 いぬ

作り方 Aタイプ (P.19)

材料
モール：カーリーモール（ホワイト）
目：さし目5mm（黒）
鼻：さし鼻4.5mm（茶）
付属：ニット
　　　メガネ
　　　鉛筆
　　　クリップ

⑯ School P.9 くま

作り方 Cタイプ (P.23)

材料
モール：ベーシックモール（ベージュ）
目：さし目4mm（黒）
鼻：さし鼻4.5mm（茶）
付属：パンツ
　　　メガネ
　　　トランペット

⑰ School  うさぎ

作り方
Bタイプ(P.22)

材料
モール：ベーシックモール
　　　　（ローズ）
目：さし目4㎜（黒）
鼻：さし鼻4.5㎜（ピンク）
付属：スカート
　　　メガネ
　　　鉛筆
　　　クリップ

⑱ Pop  うさぎ

作り方
Bタイプ(P.22)

材料
モール：ベーシックモール
　　　　（ピンク）
目：さし目4.5㎜（黒）
鼻：さし鼻4.5㎜（ピンク）
付属：スカーフ
　　　キャンディー
　　　サングラス

⑲ Pop うさぎ

作り方
Aタイプ(P.19)

材料
モール：ベーシックモール
　　　　（ミント）
目：クリスタルアイ6㎜
　　（ブルー）
鼻：さし鼻4.5㎜（黒）
付属：ギター
　　　サングラス
　　　クリップ

⑳ Pop くま

作り方
Aタイプ（P.19）

材料
モール：ミンクモール
　　　　（ホットピンク）
目：クリスタルアイ6㎜
　　（グリーン）
鼻：さし鼻4.5㎜（黒）
付属：サロペット
　　　ドリンク
　　　クリップ

㉑ Pop くま

作り方
Cタイプ（P.23）

材料
モール：ベーシックモール
　　　　（オレンジ）
目：動眼6㎜（M）
鼻：さし鼻4.5㎜（黒）
付属：パンツ
　　　リボン
　　　キャンディー

㉒ Pop アヒル

作り方
Dタイプ（P.24）

材料
モール：ミンクモール
　　　　（イエロー）
目：さし目4㎜（黒）
鼻：くちばし
付属：スカート
　　　ポップコーン
　　　クリップ

P.12 ㉓ Street　うさぎ

作り方
Aタイプ（P.19）

材料
モール：ミンクモール
　　　　（カラフル）
目：さし目5㎜（黒）
鼻：さし鼻4.5㎜（黒）
付属：Tシャツ
　　　文字パーツ
　　　サンバイザー

P.12 ㉔ Street　くま

作り方
Aタイプ（P.19）

材料
モール：ミンクモール
　　　　（マルチブルー）
目：さし目4.5㎜（黒）
鼻：さし鼻4.5㎜（黒）
付属：Tシャツ
　　　ワッペン
　　　サーフボード

P.12 ㉕ Street　アヒル

作り方
Dタイプ（P.24）

材料
モール：ミンクモール
　　　　（ホワイト）
目：動眼8㎜（L）
鼻：くちばし
付属：パンツ
　　　サーフボード

P.13 ㉖ Street　うさぎ

作り方
Bタイプ（P.22）

材料
モール：カーリーモール
　　　　（ブラック）
目：クリスタルアイ6㎜
　　（ブルー）
鼻：さし鼻4.5㎜（ピンク）
付属：パーカー

P.13 ㉗ Street　ねこ

作り方
Cタイプ（P.23）

材料
モール：ベーシックモール
　　　　（ミント）
目：クリスタルアイ6㎜
　　（グリーン）
鼻：さし鼻4.5㎜（茶）
付属：パンツ
　　　ヘッドホン

P.28 ㉘ Spring　うさぎ

作り方
Aタイプ（P.19）

材料
モール：カーリーモール
　　　　（ホワイト）
目：さし目4.5㎜（黒）
鼻：さし鼻4.5㎜（ピンク）
付属：スカート
　　　リボン
　　　ビーズネックレス
　　　バラ

P.28
㉙ Spring　ヒツジ

作り方
Bタイプ（P.22）

材料
モール：ミンクモール
　　　　（ペールピンク）
目：さし目5㎜（黒）
鼻：さし鼻9㎜（LTピンク）
付属：パールネックレス
　　　ニットバッグ
　　　草・花
　　　バラ

P.29
㉚ Summer　くま

作り方
Cタイプ（P.23）

材料
モール：ベーシックモール
　　　　（マルチグリーン）
目：クリスタルアイ6㎜
　　（グリーン）
鼻：さし鼻4.5㎜（黒）
付属：浮き輪
　　　サングラス

P.29
㉛ Summer　アヒル

作り方
Dタイプ（P.24）

材料
モール：ミンクモール
　　　　（イエロー）
目：さし目4.5㎜（黒）
鼻：くちばし
付属：パンツ
　　　ゴーグル
　　　浮き輪

P.29
㉜ Summer　うさぎ

作り方
Aタイプ（P.19）

材料
モール：カーリーモール
　　　　（ベージュ）
目：さし目4㎜（黒）
鼻：さし鼻4.5㎜（茶）
付属：浮き輪
　　　サングラス
　　　アイスクリーム
　　　クリップ

P.30
㉝ Autumn　くま

作り方
Aタイプ（P.19）

材料
モール：ベーシックモール
　　　　（ベージュ）
目：クリスタルアイ6㎜
　　（ブラウン）
鼻：さし鼻9㎜（茶）
付属：パンツ
　　　クッキー
　　　リボン

P.30
㉞ Autumn　くま

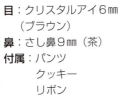

作り方
Cタイプ（P.23）

材料
モール：ベーシックモール
　　　　（ローズ）
目：さし目4.5㎜（黒）
鼻：さし鼻4.5㎜（茶）
付属：帽子
　　　文字パーツ
　　　お菓子
　　　ドリンク

P.30

35 Autumn
うさぎ

作り方
Aタイプ（P.19）

材 料
モール：ミンクモール
（マルチベージュ）
目：さし目５㎜（黒）
鼻：さし鼻4.5㎜（茶）
付属：セーター
ワッペン
メガネ

P.31

36 Winter
くま

作り方
Cタイプ（P.23）

材 料
モール：カーリーモール
（ブラウン）
目：さし目4.5㎜（黒）
鼻：さし目4.5㎜（黒）
付属：帽子
マフラー
ドリンク

P.31

37 Winter
うさぎ

作り方
Aタイプ（P.19）

材 料
モール：ミンクモール
（パープル）
目：さし目５㎜（黒）
鼻：さし鼻4.5㎜（ピンク）
付属：ジャンパースカート
ベア
リボン

P.32

38 Halloween
うさぎ

作り方
Aタイプ（P.19）

材 料
モール：ベーシックモール
（クリーム）
目：さし目4.5㎜（黒）
鼻：さし鼻4.5㎜（ピンク）
付属：スカート
かぼちゃ
ねこ
リボン

P.32

39 Halloween
ねこ

作り方
Cタイプ（P.23）

材 料
モール：ベーシックモール
（パープル）
目：クリスタルアイ６㎜
（グリーン）
鼻：さし鼻4.5㎜（黒）
付属：帽子
おばけ
かぼちゃ

P.33

40 Christmas
うさぎ

作り方
Aタイプ（P.19）

材 料
モール：カーリーモール
（クリーム）
目：さし目４㎜（黒）
鼻：さし鼻4.5㎜（茶）
付属：セーター
スティック
プレゼント

㊶ Christmas　いぬ　P.33

作り方
Bタイプ (P.22)

材料
モール：ベーシックモール
　　　　（ブラウン）
目：さし目4.5㎜（黒）
鼻：さし鼻9㎜（黒）
付属：セーター
　　　ジンジャーマン
　　　ツリー
　　　リボン

㊷ Christmas　うさぎ　P.33

作り方
Aタイプ (P.19)

材料
モール：ミンクモール
　　　　（ホットピンク）
目：さし目5㎜（黒）
鼻：さし鼻4.5㎜（茶）
付属：スカート
　　　プレゼント
　　　星デコパール

㊸ Valentine　ねこ　P.34

作り方
Cタイプ (P.23)

材料
モール：カーリーモール
　　　　（ブラック）
目：クリスタルアイ6㎜
　　（ブルー）
鼻：さし鼻4.5㎜（茶）
付属：スカート
　　　ケーキ
　　　クリップ

㊹ Valentine　うさぎ　P.34

作り方
Bタイプ (P.22)

材料
モール：ベーシックモール
　　　　（グレー）
目：さし目4.5㎜（黒）
鼻：さし鼻4.5㎜（ピンク）
付属：スカート
　　　ケーキ
　　　クリップ

㊺ Valentine　うさぎ　P.34

作り方
Aタイプ (P.19)

材料
モール：ベーシックモール
　　　　（クリーム）
目：さし目4.5㎜（黒）
鼻：さし鼻4.5㎜（黒）
付属：セーター
　　　チョコレート
　　　ケーキ

㊻ Mother's day　うさぎ　P.35

作り方
Bタイプ (P.22)

材料
モール：ベーシックモール
　　　　（ローズ）
目：さし目5㎜（黒）
鼻：さし鼻4.5㎜（茶）
付属：ジャンパースカート
　　　スプーン
　　　ポット

㊼ Father's day　くま　P.35

作り方 Cタイプ (P.23)
材料
モール：ベーシックモール（ベージュ）
目：動眼6mm（M）
鼻：さし鼻4.5mm（茶）
付属：パンツ
　　　メガネ
　　　新聞

㊽ Birthday　くま　P.36

作り方 Cタイプ (P.23)
材料
モール：ベーシックモール（ホワイト）
目：さし目4mm（黒）
鼻：さし鼻4.5mm（茶）
付属：ケーキ
　　　クリップ

㊾ Birthday　うさぎ　P.36

作り方 Aタイプ (P.19)
材料
モール：ミンクモール（カラフル）
目：さし目5mm（黒）
鼻：さし鼻4.5mm（黒）
付属：キャンディ
　　　お菓子
　　　ポップコーン
　　　リボン

㊿ Birthday　ねこ　P.36

作り方 Cタイプ (P.23)
材料
モール：ミンクモール（ベージュ）
目：さし目5mm（黒）
鼻：さし鼻4.5mm（LTピンク）
付属：オーバーオール
　　　カメラ
　　　ケーキ

51 Birthday　くま　P.36

作り方 Cタイプ (P.23)
材料
モール：ミンクモール（ブルー）
目：クリスタルアイ6mm（クリア）
鼻：さし鼻4.5mm（ピンク）
付属：パンツ　ベア
　　　リボン
　　　サングラス

52 Favorite color　うさぎ　P.38

作り方 Aタイプ (P.19)
材料
モール：ベーシックモール（オレンジ）
目：さし目4mm（黒）
鼻：さし鼻4.5mm（茶）
付属：ニットバッグ
　　　お菓子
　　　サングラス

㊾ *Favorite color* うさぎ　P.38

作り方
Aタイプ（P.19）

材料
モール：ベーシックモール
　　　　（ブラック）
目：クリスタルアイ6㎜
　　（ブラウン）
鼻：さし鼻4.5㎜（茶）
付属：スカート
　　　リボン
　　　クリップ

㊿ *Favorite color* うさぎ　P.38

作り方
Aタイプ（P.19）

材料
モール：ベーシックモール
　　　　（イエロー）
目：動眼5㎜（S）
鼻：さし鼻4.5㎜（黒）
付属：パンツ
　　　リボン
　　　サングラス

㊺ *Favorite color* うさぎ　P.38

作り方
Aタイプ（P.19）

材料
モール：ベーシックモール
　　　　（ミント）
目：さし目4㎜（黒）
鼻：さし鼻4.5㎜（黒）
付属：スカート
　　　チョコレート

㊻ *Favorite color* うさぎ　P.39

作り方
Aタイプ（P.19）

材料
モール：ベーシックモール
　　　　（ホワイト）
目：クリスタルアイ6㎜
　　（ピンク）
鼻：さし鼻4.5㎜（ピンク）
付属：ワンピース
　　　お花

㊼ *Favorite color* うさぎ　P.39

作り方
Aタイプ（P.19）

材料
モール：ベーシックモール
　　　　（ブルー）
目：クリスタルアイ6㎜
　　（オレンジ）
鼻：さし鼻4.5㎜（黒）
付属：サロペット

㊽ *Favorite color* うさぎ　P.39

作り方
Aタイプ（P.19）

材料
モール：ベーシックモール
　　　　（ピンク）
目：さし目4㎜（黒）
鼻：さし鼻4.5㎜（ピンク）
付属：サロペット
　　　キャンディー

P.38.39

(59) Favorite color うさぎ

作り方

Aタイプ（P.19）

材　料

モール：ベーシックモール
（パープル）
目：動眼８㎜（L）
鼻：さし鼻4.5㎜
（LTピンク）
付属：Tシャツ
浮き輪

P.38.39

(60) Favorite color うさぎ

作り方

Aタイプ（P.19）

材　料

モール：ベーシックモール
（レッド）
目：さし目４㎜（黒）
鼻：さし鼻4.5㎜（黒）
付属：ワンピース
メガネ

P.40

(61) Trading card case うさぎ（顔のみ）

※トレカケースの作り方はP.62

作り方

Aタイプ（P.19）

材　料

モール：ミンクモール
（カラフル）
目：さし目4.5㎜（黒）
鼻：さし鼻4.5㎜（ピンク）
付属：トレカケース
クリップ　ボンテン　ハート
アイスクリーム　ベア
カップケーキ　お菓子

P.40

(62) Trading card case くま（顔のみ）

※トレカケースの作り方はP.62

作り方

Cタイプ（P.23）

材　料

モール：ベーシックモール
（ベージュ）
目：さし目4.5㎜（黒）
鼻：さし鼻4.5㎜（茶）
付属：トレカケース　リボン
クッキー　プレッツェル
カッティングボード
コーヒー　ジンジャーマン

P.40

(63) Trading card case いぬ（顔のみ）

※トレカケースの作り方はP.62

作り方

Bタイプ（P.22）

材　料

モール：カーリーモール
（クリーム）
目：さし目4.5㎜（黒）
鼻：さし鼻4.5㎜（黒）
付属：トレカケース
サングラス　ケーキ　星
グミベア　キャンディー
ポップコーン　ドリンク

P.41

(64) Key holder うさぎ（顔のみ）

※キーホルダーの作り方はP.63

作り方

Bタイプ（P.22）

材　料

モール：ベーシックモール
（マルチグリーン）
目：さし目４㎜（黒）
鼻：さし鼻4.5㎜
（LTピンク）
付属：ワイヤーリング
アイスクリーム
ボンテン

㊽ Key holder いぬ（顔のみ） P.41

作り方 Bタイプ（P.22）

材 料
モール：ベーシックモール
　　　　（ブラウン）
目：さし目4.5㎜（黒）
鼻：さし鼻9㎜（黒）
付属：チャームホルダー
　　　チョコレート

※キーホルダーの作り方はP.63

㊻ Key holder いぬ（顔のみ） P.41

作り方 Bタイプ（P.22）

材 料
モール：カーリーモール
　　　　（クリーム）
目：さし目4㎜（黒）
鼻：さし鼻4.5㎜（茶）
付属：チャームホルダー
　　　クリップ

※キーホルダーの作り方はP.63

㊼ Key holder くま（顔のみ） P.41

作り方 Cタイプ（P.23）

材 料
モール：ミンクモール
　　　　（パステルブルー）
目：さし目4.5㎜（黒）
鼻：さし鼻4.5㎜（茶）
付属：ワイヤーリング
　　　リボン
　　　ハートデコパール

※キーホルダーの作り方はP.63

㊿ Pair くま P.42

作り方 Cタイプ（P.23）

材 料
モール：ベーシックモール
　　　　（ホワイト）
目：さし目5㎜（黒）
鼻：さし鼻4.5㎜（黒）
付属：Tシャツ
　　　王冠
　　　サングラス

㊾ Pair くま P.42

作り方 Cタイプ（P.23）

材 料
モール：ベーシックモール
　　　　（ブラック）
目：さし目5㎜（黒）
鼻：さし鼻4.5㎜（黒）
付属：Tシャツ
　　　王冠
　　　メガネ

㊼ Pair うさぎ P.43

作り方 Aタイプ（P.19）

材 料
モール：ミンクモール
　　　　（マルチピンク）
目：さし目4.5㎜（黒）
鼻：さし鼻4.5㎜（ピンク）
付属：ニットバッグ
　　　お菓子
　　　クッキー
　　　クリップ

59

㉛ Pair *P.43* うさぎ

作り方
Aタイプ (P.19)

材料
モール：ミンクモール
　　　　（グレー）
目：さし目4.5mm（黒）
鼻：さし鼻4.5mm（ピンク）
付属：ニットバッグ
　　　メガネ
　　　パン

㉜ Pet *P.44* ねこ

作り方
Cタイプ (P.23)

材料
モール：ベーシックモール
　　　　（グレー）
目：クリスタルアイ6mm
　　（ブルー）
鼻：さし鼻4.5mm（黒）
付属：ニット帽

※ペットの作り方はP.25

㉝ Pet *P.44* ねこ

作り方
Cタイプ (P.23)

材料
モール：ミンクモール
　　　　（マルチブラウン）
目：さし目5mm（黒）
鼻：さし鼻4.5mm（茶）

※ペットの作り方はP.25

㉞ Pet *P.44* ねこ

作り方
Cタイプ (P.23)

材料
モール：ミンクモール
　　　　（マルチベージュ）
目：さし目6mm（黒）
鼻：さし鼻4.5mm
　　（LTピンク）
付属：クリップ

※ペットの作り方はP.25

㉟ Pet *P.45* いぬ

作り方
Bタイプ (P.22)

材料
モール：カーリーモール
　　　　（ブラウン）
目：さし目4.5mm（黒）
鼻：さし鼻4.5mm（茶）
付属：リボン
　　　クッキー

※ペットの作り方はP.25

㊱ Pet *P.45* いぬ

作り方
Bタイプ (P.22)

材料
モール：カーリーモール
　　　　（ピンク）
目：クリスタルアイ6mm
　　（クリア）
鼻：さし鼻4.5mm（ピンク）
付属：パールネックレス
　　　クリップ

※ペットの作り方はP.25

⑦ Baby　　　　うさぎ
P.46

作り方
Aタイプ（P.19）

材料
モール：ミンクモール
　　　　（ピンク）
目：さし目4mm（黒）
鼻：さし鼻4.5mm（ピンク）
付属：レース
　　　ミルク

⑱ Baby　　　　うさぎ
P.46

作り方
Aタイプ（P.19）

材料
モール：ミンクモール
　　　　（ブルー）
目：さし目4mm（黒）
鼻：さし鼻4.5mm（ピンク）
付属：レース
　　　ミルク

⑲ Mini　　　　くま
P.47

作り方
Aタイプ（P.19）

材料
モール：直径1cmモール
　　　　（グリーン）
目：さし目4mm（黒）
鼻：さし鼻4.5mm
　　（LTピンク）
付属：ヒトデ

⑳ Mini　　　　くま
P.47

作り方
Aタイプ（P.19）

材料
モール：直径1cmモール
　　　　（ベージュ）
目：さし目4mm（黒）
鼻：さし鼻4.5mm（茶）
付属：ハチミツ

㉑ Mini　　　　くま
P.47

作り方
Aタイプ（P.19）

材料
モール：直径1cmモール
　　　　（ピンク）
目：さし目4mm（黒）
鼻：さし鼻4.5mm（ピンク）
付属：ワイヤーリング
　　　ケーキ

トレカケースを作りましょう!

顔をつくったら、ボディの部分を使って
トレカケースを作りましょう!

1 顔を作ります

好きな顔を作ります。

2 フレームの形を作ります

❶ 顔の根元で1回ねじりし、トレカケースの中心に顔をのせます。

❷ 脇にそって、折り曲げます。

❸ 反対側も同様に、折り曲げます。

❹ 下の角を折り曲げ、左下で重ねます。

❺ 残った分をカットします。

3 フレームを貼ります

❶ トレカケースにボンドをつけます。

❷ 上からのせて、貼ります。

❸ 端をボンドでとめます。

❹ 洗濯ばさみでとめて、乾かします。

❺ 顔を少し下げます。

できました!

62

キーホルダーを作りましょう！

半分の長さのモールで
キーホルダーが作れます。
しっかりねじって、
しっかり貼って作りましょう！

1 モールを半分に切ります

モールを半分に切って、半分に折ります。

2 顔を作ります

①

好きな顔を作ります。

②

残ったモールを根元で1回ねじりします。

③

顔の裏にボンドをつけます。

④

残ったモールを折り曲げ、貼ります。

⑤

反対側も貼ります。

⑥

顔の形を整えます。

3 顔を作り、リングをつけます

①

目鼻をつけ、パーツをつけます。

②

耳の輪に通して、キーリングをつけます。

できました！

1本のモールで2つできます

できたキーホルダーは、このままバッグにつけてもいいし、ファスナーチャームにしてもいいですね。

● 著者プロフィール

寺西 恵里子 てらにし えりこ

(株)サンリオに勤務し、子ども向けの商品の企画デザインを担当。退社後も"HAPPINESS FOR KIDS"をテーマに手芸、料理、工作を中心に手作りのある生活を幅広くプロデュース。その創作活動の場は、実用書、女性誌、子ども雑誌、テレビと多方面に広がり、手作りを提案する著作物は700冊を超える。

https://teranishi-eriko.co.jp

寺西恵里子の本

『メルちゃんの着せ替えお洋服＆こもの』(小社刊)
『サンリオキャラクターズのフェルトマスコット＆リース』(日本ヴォーグ社)
『基本がいちばんよくわかる刺しゅうのれんしゅう帳』(主婦の友社)
『とびきりかわいくつくれる！私だけの推しぬい＆もちぬい』(主婦と生活社)
『刺しゅうで楽しむ スヌーピー＆フレンズ』(デアゴスティーニ)
『楽しい折り紙 203』(フレーベル館)
『365日子どもが夢中になるあそび』(ブティック社)
『3歳からのお手伝い』(河出書房新社)
『ひとりでできるアイデアいっぱい貯金箱工作』(汐文社)
『おりがみであそぼ！』(新日本出版社)
『身近なもので作るハンドメイドレク』(朝日新聞出版)
『0～5歳児 発表会コスチューム 155』(ひかりのくに)
『30分でできる！かわいいうで編み＆ゆび編み』(PHP研究所)
『3歳からのお手伝い』(河出書房新社)
『作りたい使いたいエコクラフトのかごと小物』(西東社)
『365日子どもが夢中になるあそび』(祥伝社)

● 協賛メーカー

日本紐釦貿易株式会社
〒541-0058
大阪府大阪市中央区南久宝寺町1丁目9番7号
TEL 06-6271-7087
HP https://www.nippon-chuko.co.jp

● スタッフ

撮影　公文 美和　渡邊 遼生
デザイン　ネクサスデザイン
モデル　NANO　SACHIRA　AIRI
作品制作　池田 直子　千枝 亜紀子　岩瀬 映瑠

【読者の皆様へ】
本書の内容に関するお問い合わせは、
お手紙またはメール（info@TG-NET.co.jp）にて承ります。
恐縮ですが、電話でのお問い合わせはご遠慮ください。
『カラフルかわいい！ふわふわモールドール』編集部
＊本書に掲載している作品の複製・販売はご遠慮ください。

カラフルかわいい！ふわふわモールドール

2024年11月5日 初版第1刷発行

著者　寺西 恵里子
発行者　廣瀬 和二
発行所　株式会社 日東書院本社　〒113-0033　東京都文京区本郷1丁目33番13号 春日町ビル5F
TEL 03-5931-5930（代表）　FAX 03-6386-3087（販売部）
URL　http://www.TG-NET.co.jp
印刷　三共グラフィック株式会社　製本　株式会社セイコーバインダリー
本書の無断複写複製（コピー）は、著作権法上での例外を除き、著作者、出版社の権利侵害となります。
乱丁・落丁はお取り替えいたします。小社販売部までご連絡ください。
© Eriko Teranishi 2024, Printed in Japan　ISBN 978-4-528-02466-3　C2077